HOMMAGE DU BARREAU D'ALBI

A la Mémoire
de Me Jules Boyer, Avocat.
Ancien Bâtonnier.

DISCOURS

PRONONCÉ PAR Me BERMOND, BATONNIER DE L'ORDRE

SUR LA TOMBE DE Me JULES BOYER

LE 23 OCTOBRE 1866.

ALBI.

IMPRIMERIE DE S. RODIÈRE.

HOMMAGE DU BARREAU D'ALBI

A la Mémoire

de Me Jules Boyer, Avocat,

Ancien Bâtonnier.

DISCOURS

PRONONCÉ PAR Me BERMOND, BATONNIER DE L'ORDRE

SUR LA TOMBE DE Me JULES BOYER

LE 23 OCTOBRE 1866.

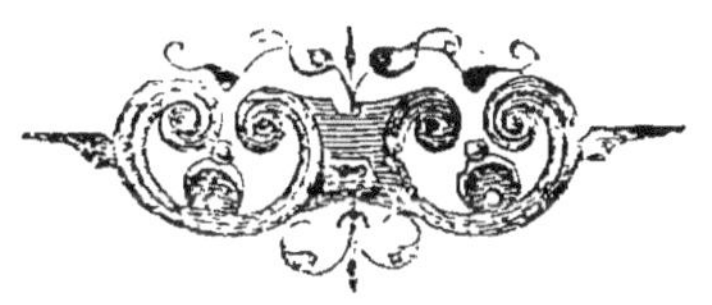

ALBI.

IMPRIMERIE DE S. RODIÈRE.

Messieurs,

Un homme portait, au milieu de nous, le sceau de la double royauté du caractère et du talent ; — aucun nuage n'obscurcissait la pureté de sa conscience et les lueurs de son esprit ; — la science le couvrait de ses ailes, et son âme, taillée sur des patrons antiques, s'imposait au respect d'un pays dont il était l'orgueil !.... Un souffle a passé,... et les impénétrables décrets de la Providence ont creusé cette tombe comme pour nous rappeler, une fois de plus, le néant des prévisions et des espérances humaines.

Recueillons-nous, Messieurs, devant cette grande personnalité qui vient de s'éteindre, et, si sa mortelle enveloppe n'est plus que terre et cendres,... que l'impérissable souvenir de sa belle vie mêle ses enseignements au suprême et douloureux hommage que nous venons déposer sur son cercueil.

JULES BOYER, Messieurs, résumait en lui toutes les qualités qui font l'avocat éminent et l'homme de bien. — L'exemple et les leçons du foyer paternel l'avaient préparé, de bonne heure, à supporter le poids d'un nom ennobli déjà par l'estime publique, et lui avaient donné toutes les conditions d'énergie virile et de haute moralité auxquelles on reconnaît les hommes supérieurs.

A dix-neuf ans, à l'heure où tant d'autres jettent au vent leur jeunesse, il entrait en maître sur le théâtre des grands succès de la parole, et, dès son début, il y marquait sa place au premier rang. — En lui se révélaient déjà l'étude laborieuse et patiente, la pénétration, la verve,

la prompte et lumineuse investigation de la vérité,
toutes ces facultés qui devaient le dévorer en
le grandissant,.... et la renommée le visitait
à l'âge où la renommée n'est qu'une espérance
et qu'un rêve.

Les grandes affaires allèrent à lui ; mais il
les élevait toutes à la hauteur de son talent.—
Chercheur intime, infatigable analyste, modèle
d'érudition et de vigueur logique, il pénétrait
dans toutes les profondeurs d'une doctrine,
serrait les questions avec les ressources d'une
dialectique solide, et, saisissant au vol l'idée
vraie, la raison décisive, il excellait à les mettre
à la portée de tous en les présentant sous leurs
côtés lucides et simples. — Orateur magistral et
puissant, il repoussait, avec dédain, la richesse
affectée de la phrase comme une vaine parure
sous laquelle se perd inutilement l'éclat de la
pensée ; — son langage sobre, ferme et nerveux
traduisait par d'expressives images les vives im-
pressions qui le dominaient ; l'incomparable auto-
rité de sa parole commandait la conviction, et
lorsque, trop souvent pour son corps brisé, il

pressait ses causes dans une ardente étreinte, la frémissante chaleur qui s'échappait de ses lèvres révélait l'existence de la flamme intérieure qui l'a consumé.

Tel fut Jules Boyer, pendant trente-huit ans de carrière militante, au sein de notre barreau dont il était la gloire et qu'il laisse aujourd'hui découronné....

Mais Dieu ne l'avait pas seulement comblé des inimitables dons d'une belle intelligence, et ce n'était pas à la seule magie du talent qu'allaient les sympathies, la confiance et l'admiration de tous. — Il y avait, en effet, dans cette nature exquise, comme un parfum de rare vertu qui exerçait autour d'elle un irrésistible attrait : — Catholique éclairé, convaincu et fervent, c'est aux pieds des autels que Jules Boyer retrempait ses forces épuisées,... c'est dans la méditation et dans la prière qu'il se réfugiait contre ses tristesses. — Homme de bien, il avait voué un culte exclusif aux lois du travail et de la probité, et nulle autre passion que celle du devoir ne traversait sa vie qu'il ne livra jamais aux jouissances vulgaires. — Les joies qu'il lui fallait, il les demandait aux intimités de la famille, aux tendresses de ceux qu'il a tant aimés, à ces trop rapides heures dans lesquelles s'épanouissaient les charmes de son esprit et les délicatesses infinies de son cœur.

Tant de mérites et tant de vertus ne pouvaient êtres perdus pour la chose publique. — Jules Boyer aimait profondément son pays, et, si sa fidélité constante à ses convictions premières le rendait, parfois, hésitant devant les voies nouvelles, il pensait qu'un bon citoyen ne s'appartient pas et qu'il lui est interdit, surtout si l'orage gronde, de décliner les appels faits à son dévouement.... Ses concitoyens le trouvèrent toujours debout et prêt pour les servir.

Représentant du peuple en des jours d'agitations et d'incertitudes, — premier Adjoint au Maire d'Albi à une époque où le présent était sombre et l'avenir inquiet, — Membre du Conseil général et du Conseil municipal à travers des alternatives d'épreuves et d'apaisements,— partout il porta l'élévation sereine de son esprit, sa vive et pénétrante sagacité, sa merveilleuse aptitude à tout éclairer, et ce talent supérieur de persuader en s'emparant, à la fois, de la raison et du cœur.

Mais partout aussi le suivait cet enthousiasme fébrile du bien et du vrai qui ne lui permettait d'aborder aucun sujet sans y laisser une partie de sa vitalité... Il ne mesurait pas sa tâche à ses forces ; il semblait défier le travail de le vaincre jamais, et, malgré les souffrances qui torturaient son pauvre corps ruiné, il se courbait, il y a quelques mois encore, sur les sévères labeurs auxquels il avait enchaîné sa vie. — Cependant sa part de jours était faite... Ce vaillant pionnier du droit et de la vérité s'affaissait prématurément sous le poids de ses fatigues sans trêve, et, bientôt, il pouvait calculer lui-même la faible distance qui le séparait de son suprême asile.....

Entraîné vers la mort, devant laquelle il

n'avait rien à désavouer, JULES BOYER la considérait doucement comme une arche entre deux rives, comme le nuage qui se déchire et s'entr'ouvre pour laisser voir le ciel..... et la foi, qui lui montrait ces régions infinies, en faisait descendre la résignation et le sacrifice. — Vainement les soins les plus touchants et les plus dévoués essayaient de le retenir sur les bords de l'éternité... Un reflet des clartés d'en haut illumina son pâle visage... Dieu l'avait jugé mûr pour l'immortalité......

Messieurs, les âmes d'élite ne se renouvellent pas comme les feuilles des arbres..... En retournant vers leur Créateur, elles emportent avec elles les trésors de leur essence désormais perdue pour la terre, et nul ne sait dans quelle proportion la Providence répare ces grandes pertes... — Mais si quelque chose les diminue, ce sont les deuils durables qui rendent à certaines dépouilles la vie des souvenirs et perpétuent la mémoire des existences sans tache et des vertus austères.

Autour de ce cercueil . la cité toute entière

s'incline et pleure ; et ce deuil général nous apprend ce que l'estime universelle peut donner de grandeur à des funérailles... — Puisse cette solennelle expression de l'affliction publique pénétrer jusques aux cœurs meurtris d'une famille cruellement atteinte, et mêler, à l'amertume de ses douleurs, la secrète douceur des sympathies survivantes. — Puisse-t-elle, aussi, laisser une longue trace des sentiments qui l'ont inspirée et préserver d'un oubli trop prompt le faisceau de droites pensées, de fermes croyances et de bonnes actions que la mort vient de briser.

Et nous, Messieurs, nous dont JULES BOYER fut le confrère, le modèle et le maître, souvenons-nous que le tribut de nos regrets ne suffirait pas à sa mémoire si nous ne cherchions dans son exemple de salutaires leçons : — Il a suivi noblement sa voie dans ce monde; il a usé sa vie à garder le dépôt des plus pures doctrines; il est tombé sur le champ de bataille du travail, en nous léguant les traditions saintes du devoir et du dévouement auxquels il s'est immolé. — Recueillons pieusement cet héritage.... Si jamais il pèse à nos courages, nous jetterons un regard sur la place que Jules Boyer laisse vide au milieu des rangs mutilés de notre ordre. — Nous y trouverons, pour nous soutenir, l'ineffaçable sillon laissé par son passage,.... le souvenir fortifiant de sa grandeur morale, ... et son image toujours vivante pour nous montrer comment les hommes de bien doivent vivre... et mourir....

Albi. Impr. S. Rodière. — Oct. 66.

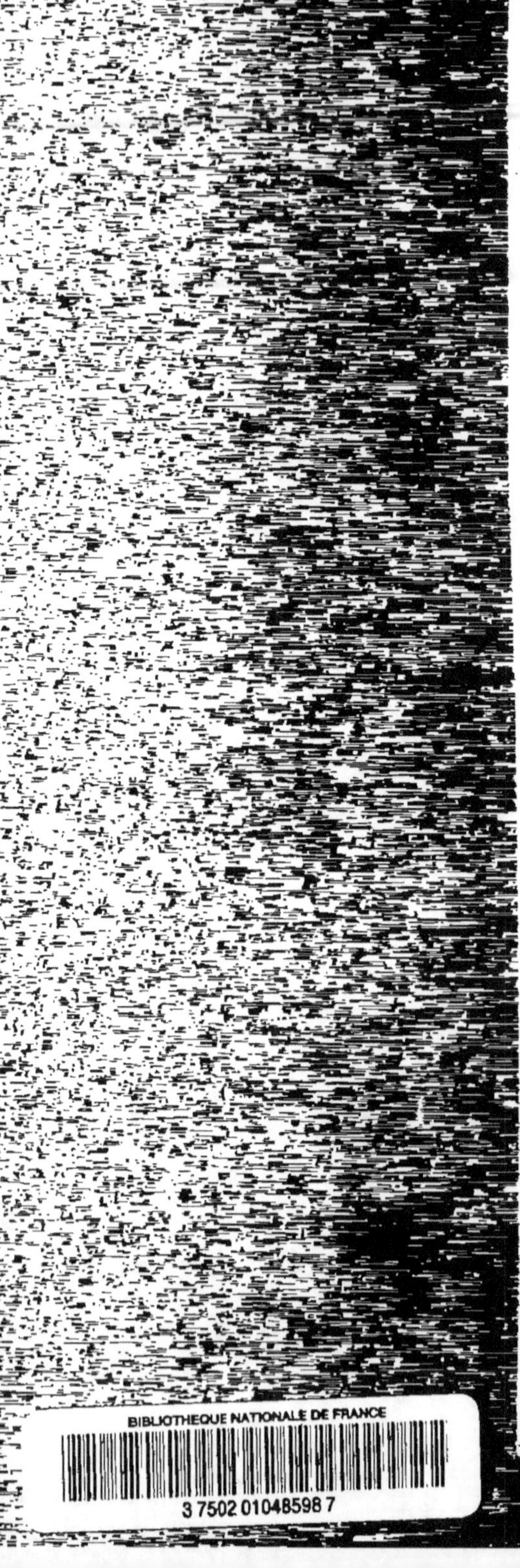